L'humour est dans le pré

Jean-Christophe ROYER

L'humour est dans le pré

Versilio

Une première version de cet ouvrage a été publiée par les Éditions Spam/Kero
sous le titre *Prises de choux*

ISBN : 978-2-36132-084-3

www.versilio.com

Introduction

J'avais, tout d'abord, eu l'idée d'écrire un bouquin dénonçant les dérives de la finance internationale. Un brûlot sans concession qui aurait tiré à boulets rouges sur les banquiers, traders et autres cols blancs qui règnent sur nos vies et entraînent inexorablement le monde à sa perte.
Et puis, voyant que cette caste était toute puissante, grâce à sa mainmise sur les médias et la politique, et, remarquant aussi que ses membres étaient de plus en plus nombreux et influents, j'ai cherché une catégorie de la population sans pouvoir ni appuis d'aucune sorte et dont les représentants devenaient de moins en moins nombreux…

Les paysans.

C'est moi. Désolé.
Pardon.
Pardon.
Excusez-moi.
Pardon.

Excusez-moi.
Pardon.
Pardon.
Oups ! Désolé.

Hé les gars ! vous faites quoi ?
J'peux venir ?

Jean-Bertrand !?! T'es caché ?

Hé, les gars ! ça vous dirait un petit bowling, ce soir après le taf ?
Connard.
Putain, il va nous la faire tous les jours celle-là ?

Tu vas lâcher ça, salopard de Chinois !!!

Jean-Bertrand ! Youhou !?!

... Box 29, rangée 38. Box 29, rangée 38.
Box 29, rangée 38. Box 29, rangée 39... Non, 38.
Box 38... Non, Box 29... Heu... Box 39, rangée...
Et merde, ça y est, j'suis paumé.

Psssst !!!
Quoi ?
On voit ton cul.

Putain, Jean-Bertrand, t'es où ?
C'est marrant cinq minutes tes conneries, pas plus.

Comment ça, « Grouïck ! » ?
Qu’est-ce que tu entends exactement par « Grouïck » ?
C’est contre moi ?
Mais, c’est pas moi.
Mais... c’est pas moi, j’te dis !!!
c’est pas moi, merde !!!

Alors, vous êtes sûr ?
Vous n’en voulez pas ?
Chuis paysan, moi.
Qu’est-ce que je foutrais
d’une caisse de Petrol Hahn ?

Je dirai rien... Bloub !
Espèce de salaud ! Bloub !
Vous pouvez me tuer,
je dirai rien ! Bloub !!!

Le quarante-sept !!!
Hé, Ducon !!! c'est toi le quarante-sept.
T'as quel numéro, toi ?
Soixante-seize.
Putain, c'est long !!!

Oups ! Pardon.
C'est occupé. Trouvez-vous un autre coin, mon vieux !!!
292

Hier, au courrier,
j'ai attendu un pli pendant une demie-heure.
Dis, on t'a pas vu
à la réunion ce matin.
Ah non ! ce matin j'étais au débri
chez COGAREP.
Le courrier, c'est la planque.
Vous avez vu, Maurice de la compta...
Il s'est fait virer.
Maurice...
Le rouquin qu'est rigolo ?
Rigolo, rigolo...
c'est vite dit.

T'as reçu le rapport Berthoux ?
Non, le service courrier est pas passé ce matin.
Il paraît que Mc Millan & Partners va acheter DBSN ?
Oh, tu sais, c'est des rumeurs... Tant que c'est pas fait...

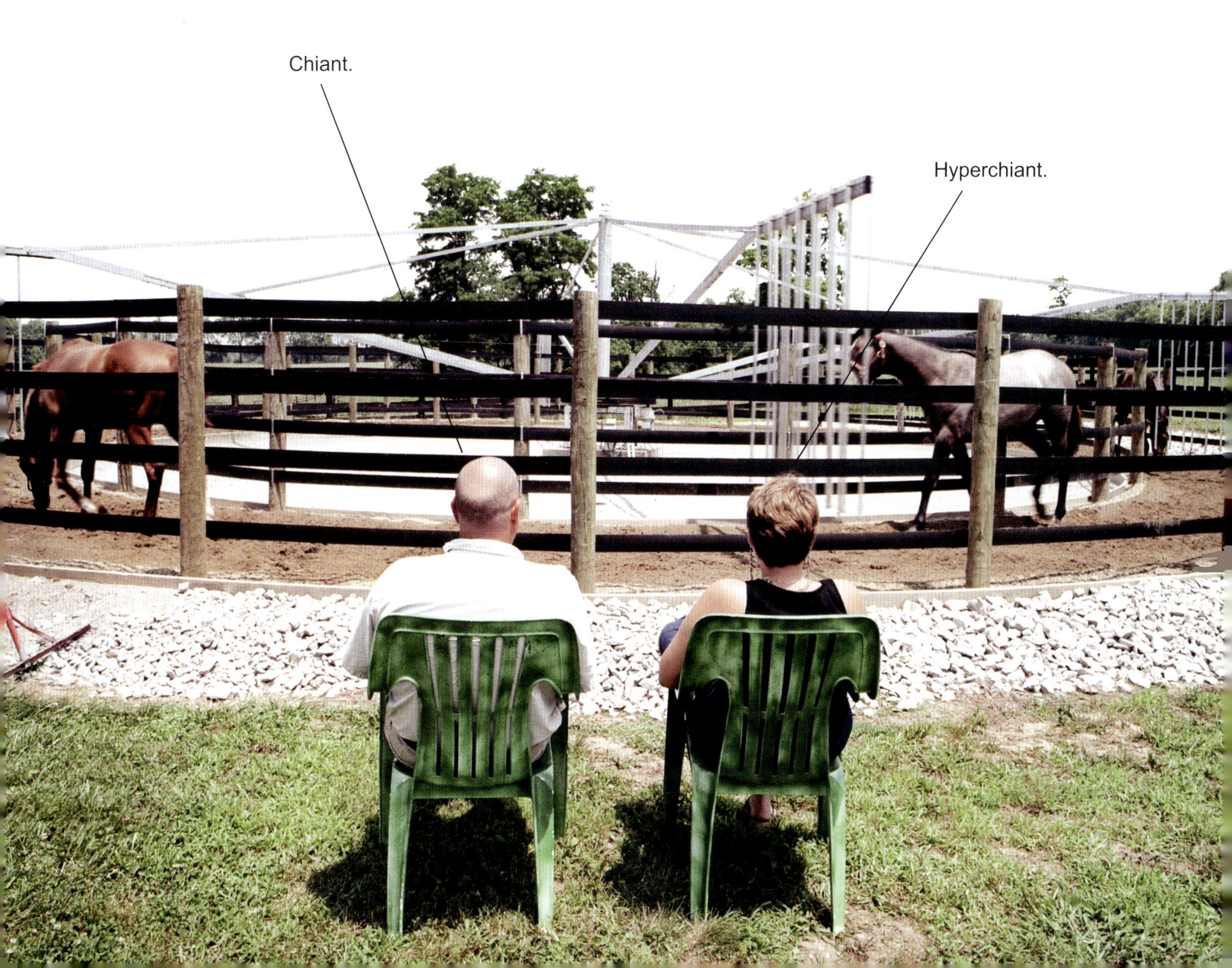
Chiant.
Hyperchiant.

Hé ! Hamlet ! Tu viens manger !?!

Et, là, c'est ma sœur à la plage.

C’est des faux, j’te dis.
Pas sûr...
Pas sûr ? Ben merde,
j’sais pas c’qu’il te faut, là.

Tu vois, l'herbe, franchement, je trouve ça hyper nazebroc.
Ça pique les pieds, des fois ça gratte, il y a des bêtes dedans...
Alors, j'ai mis des pneus.
Pas con.

C’est ça !!! Casse-toi avec ta bagnole de merde, connard !!! J’trouverai bien un mec plus sympa qui me prendra !!!

'tain, t'es chiant Jean-Paul.

Hé ! quand vous finissez le papier, ça vous ferait rien de remettre un rouleau neuf, merde !?!
13 223

Oh, merde !!!. J'ai dormi combien de temps !?!

T’es sûr ? On n’a pas besoin de sortir de vanne, rien ?

Certain. Tu vas voir, rien que
notre photo et toutes ces
connes vont adorer, j'te dis.

Allez, petites patates. Envolez-vous !
Vous êtes libres, maintenant?

2 435 675 567 876 583,
2 435 675 567 876 584...
Moins vite, merde !!!

Oh ! Pardon.

Vas-y, plonge ! Elle est super bonne.
Il a les bou-les !
Il a les bou-les !
Allez, quoi… Fais pas ta fiotasse !
Vous faites chier, merde
J'ai pas envie, j'ai pas envie !
C'est tout.

Dites, Jean-Michel, quand vous aurez fini avec Mme Leglantier, vous pourrez faire le maillot à Mme Bignac ?

Nous, on s'est fait le Luberon
avec des potes, c'était génial. Et vous ?
Nous, la Corse, comme l'an passé.
On a eu un temps de dingues.
Pareil. En trois semaines,
on a dû avoir deux jours de pluie.
Et, toi, la Bretagne,
c'était comment ?
La Bretagne, elle vous dit merde !

... Bon, j'ai discuté avec le juge. Les charges retenues contre vous sont assez légères. Je pense qu'on peut s'en sortir avec un non-lieu, mais il faut que je puisse vous faire confiance. Êtes-vous vraiment sûr de m'avoir tout dit ? Parce que, si je n'ai pas toutes les informations, je ne peux pas vous aider, vous comprenez ?
Mais, vous êtes une poule !?!
C'est quoi ces conneries ???
Je veux sortir !!! Garde !!! Garde !!!

Youhou ! Ici !!!

Et là, c’est son trou du cul ?

Oui ma chérie,
mais on dit un anus.

ahahahahaha !!!
ahahahaha !!!
Hahaha !!!
Hahahahaha !!!
ahaha !!!
Hahahahaha !!!
ahaha !!!
Connards.

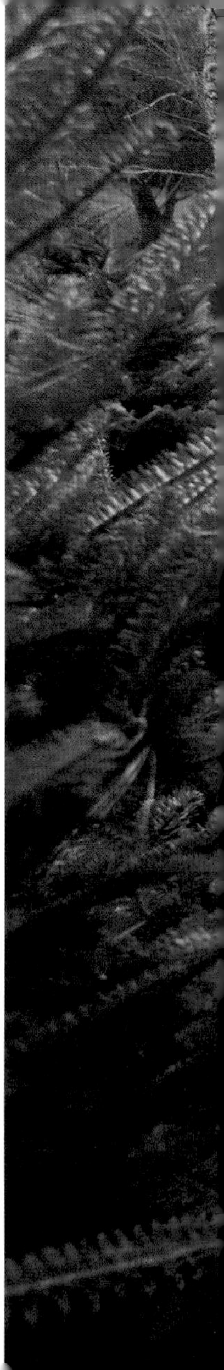

Grrrrrr... Je suis un géant !!!
T'es surtout un con !

prrrrrrrrrrrrrrrrt !!!

Et hop ! Dans ta gueule la couche d’ozone.

... Samantha sentit alors le désir gonfler sa poitrine. Elle saisit le sexe turgescent de John et le prit dans sa bouche. John, dans un feulement de plaisir, se laissa tomber en arrière sur le capot encore tiède de la Mustang...

C'est quoi ?
Ben, une vache...
C'est pas une vache, ça.
Et si j'enlève le bec ?
Mouuuuais...

Regardez, je vais remettre cet œuf
dans cette poule, sans le casser.
Chuis un coq,
bordel, un coq !!!

Ça va ?

Dites-moi. C'est vous qui les avez
faites vous-même, vos barrières ?
Ouais, pourquoi ?
Non, rien, comme ça...

Elles ont toutes disparu ! Plus une seule vache !!!
Ah ben, j'comprends pas. J'avais tout bien fermé la barrière.

Et j'veux plus voir une seule trace
quand je reviens, compris !?!
Quoi !?!
Connard.
Non, rien.

... L'église préromane y fut alors élevée avant l'an mil. Au xiᵉ siècle, l'église abbatiale romane fut fondée sur un ensemble de cryptes, au niveau de la pointe du rocher et les premiers bâtiments conventuels furent accolés à son mur nord...
C'est encore loin ?
j'ai soif.
Dès qu'on arrive, on se pose pour boire un godet, ok ?

Alors ?

Reste où tu es, c’est trop chelou,
il y a des œufs partout.

Coin coin coin coin coin coin coin, coin coin coin coin coin coin coin coin coin coin coin coin coin coin coin coin coin coin coin coin coin coin coin.
Lèche-cul.

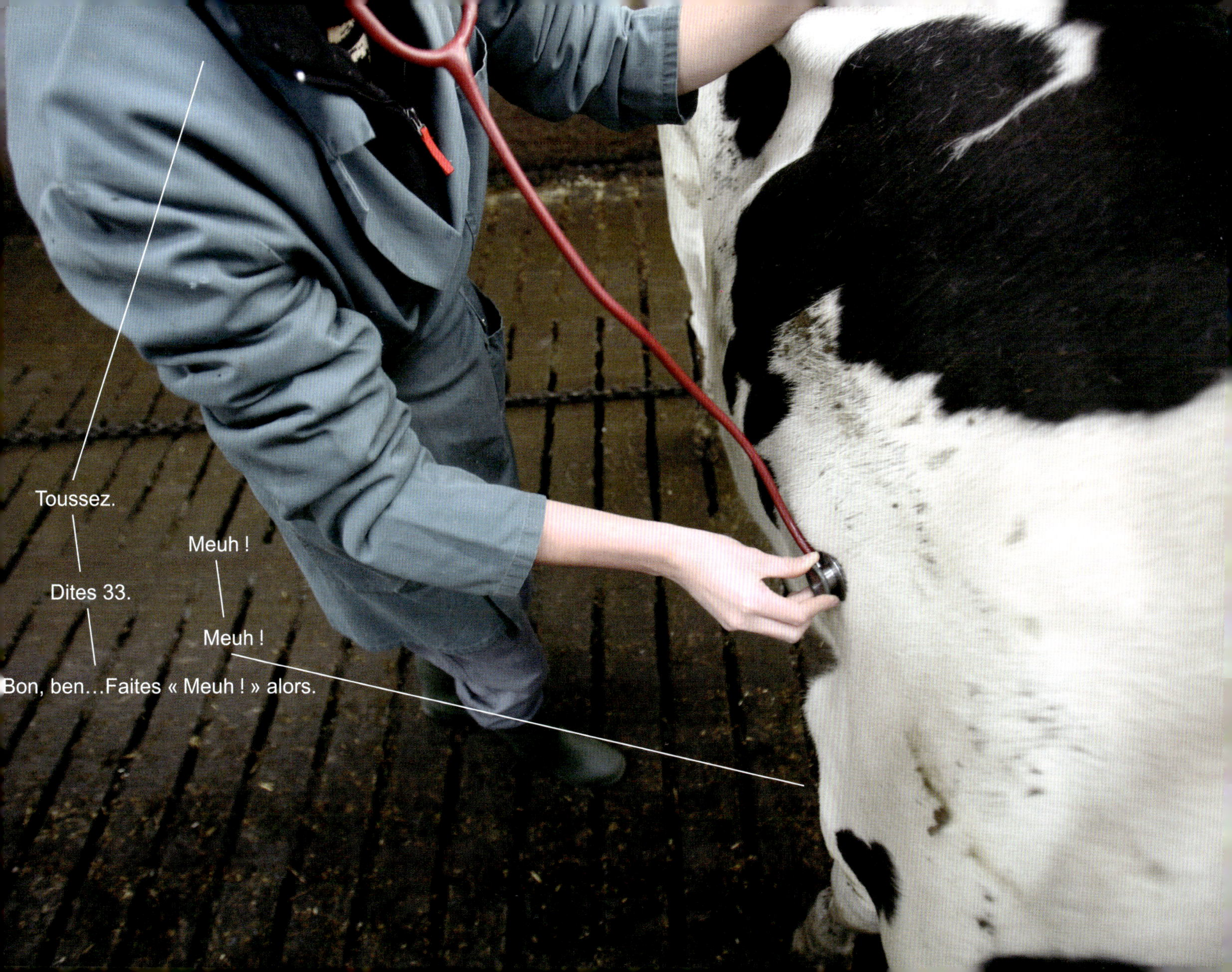
Toussez.
Meuh !
Dites 33.
Meuh !
Bon, ben…Faites « Meuh ! » alors.

Alors ?
T'es sûre ?
Vraiment ?
Rien.
Ben oui.
Oh, merde !
T'as qu'à regarder
toi-même si tu me
crois pas.

19, 18, 17, 16, 15...
Là, au moins, il va jamais me trouver.

La vache ! jamais vu un mouton aussi rapide !!!

Putain ! Il arrive !!!
Cours Maurice, cours !!!

Et t'es vraiment sûr qu'il faut péter
sur les salades pour qu'elles poussent ?
C'est Maurice... Il m'a dit.
Maurice !!! Viens voir deux secondes !!!

T'es super, Alain, tu restes comme ça,c'est nickel !!!
Vous me dites quand je peux bouger...
T'inquiète, on te dira quand.
Alors... Je bouge pas, là...
On te dira.
Ok. Vous me dites.
Ouais. T'en fais pas. On te dira.
Vous me dites, hein ?
On te dit qu'on te dira !!!
Si vous le dites...

Beuaaaark !!!

Et merde, c'est tout de travers maintenant.

Et là, vous avez le track pad, très pratique, surtout quand on n'a pas de doigts... Vous écoutez ou merde ?

Putain de connards de pigeons.

Mais, vous n’allez pas
me manger, quand même ?
À toi d’être convaincant
mon vieux.

Hé !
Vous avez vu ?
J’peux rentrer
ma tête !

Alors ?

Mouais... C’est pas un peu trop habillé ?
C’est un anniversaire, pas un gala de charité non plus...

C'est chiant, la tête à l'envers,
comme ça. J'ai mal au crâne.
Ouais. Mais le plus chiant, en fait,
c'est pour lire ce qu'on dit.

Bon, allez, il faut que je file...
À demain.

Hé ! Hé ! Hé !

Alors, écoutez-moi bien bande de petites salopes ! Z'êtes plus chez maman, maintenant ! J'vais vous apprendre la vie. Vous allez tellement souffrir qu'un furoncle au cul vous paraîtra aussi doux qu'un pétale de rose !!! Vous m'avez compris !?!
CHEF ! OUI, CHEF !!!

Meuh
Meuh
Meuh
Meuh
Meuh
Meuh

Connasses
Meuh
Meuh
Meuh
Meuh
Meuh

Si, le bouton avec les deux flèches...
Non, l'autre. Les flèches qui s'éloignent.
Vous pouvez appuyer dessus ?
Ben alors, appuyez sur celui avec la cloche
pour appeler un technicien !!! Non !!! Pas
celui-là !!! C'est le bouton de l'étage !!!

Oh putain, les mecs, ça schlingue !!!
Sans déconner... Éric, c'est toi ?
Sale cafteur !!!
Parce que tu pètes jamais, toi ?
C'est pas moi, merde !!! C'est Patrice.

Attends, bouge pas, t'as une crotte de nez.

Daniel ?
C'est dingue, Jean-Yves,
tu vas jamais me croire.

J'm'en vais te leur cramer le cul, moi,
aux nudistes... C'est une plage familiale ici.

Rhooo, la vache !!! Ce cul !!!
Si j'étais pas attaché, j'vous jure que...
Pareil.

Tu vois ce tracteur ?
On dirait qu'il est tout petit, non?
Et ben, en fait, c'est parce qu'il est loin.
C'est fou, non ?
Ouais.
Ouais.
...

Sprouitch !

Alors ?
Qu'est-ce qui se passe devant ?
Allez, avancez !!!
Eh, ho !!! Magnez-vous !!!
On n'a pas toute la journée, merde !!!
Oh, ça va bien derrière !!! Trente secondes, ok !?!
La vache... C'est haut !!!

Prout !
Prout !
Prout !
Prout !
Prout !
C'est marrant cet écho.

Mais, vous allez arrêter de me suivre ?
Sans déconner, il va falloir penser à vous forger une vraie personnalité maintenant, merde. Z'êtes pas des moutons.
Et si je décide de sauter du haut d'une falaise, vous le faites aussi, bande de cons ?

Vite, cochonman !!!
À la Porcmobile !!!
J'arrive !!! Attrape mon masque
et on y va !!!

Reculez madame !!! Faut pas s'approcher de lui, z'avez pas lu le panneau ? Allez, descendez de cette barrière !!!
Ne bougez surtout pas, restez calme. Un technicien va venir vous chercher !!!
Mais... Chuis coincée !!! Qu'est-ce que je fais ?

Dis, tu savais, qu'ici,
il y a des millions d'années
c'était la mer ?
C'est con. On aurait
dû venir plus tôt...
Ha ! Ha ! Ha ! C'est bon ça !!!
« On aurait dû venir plus tôt ».
T'es trop conne !!!

... Ou alors, tu fais passer un mouton à toi, pui, moi, je fais passer un des miens, puis, tu fais passer un des tiens et ensuite, c'est à mon tour... Et ainsi de suite...
T'as oublié un «s» à puis.
Rhoooo. T'es chiant.

Une vache ?
Une vache aussi ?
Une autre vache ?
vache ?
... Bien. Et là ?
Super ! Et là-bas ?
Oui. Et là ?

... 128 356 867 098 346 367, 128 356 867 098 346 368...
Quoi ?
Gros con.
1, 2, 3, 4, 5, 6...
Hé, René !!!
Non, rien.

Oups. Pardon.
Nan, c'est rien. Tu veux un mouchoir ?

Alors, tu vois, tu prends une feuille
et tu t'essuies les fesses avec.

Chat-bite.

Eh, tu fais quoi ?
Eh, t'es obligé d'avoir l'air con pour faire ça ?
Ben, j'mets des œufs.

Alors, moi, ce que je vois, c'est plutôt une espèce de grand mausolée, là, au milieu. Le truc classe en marbre avec des colonnes et tout le bordel, quoi...
Pour Pierre Tornade ?
Et alors, qu'est-ce que ça peut vous foutre pour qui c'est ?

Eh ! qu'est-ce que tu fous ?
Une pause. J'suis l'homme invisible, connard. Pas Superman !

Quand on aura fini de tenir cette plante, on pourra aller au restaurant, puis au cinéma. Ensuite, je te raccompagnerai chez toi, on montera prendre un verre et on fera l'amour jusqu'au matin… Ou bien, on continue à tenir cette plante. C'est comme tu veux.

Fallait pas coucher avec les boches.
Salopes.

C'est bien, les gars. Très bien. On y est presque ! Dis-moi, Jean-Eudes, tu peux essayer d'avoir un peu plus l'air d'un agriculteur ?
Comme ça ?
uper ! On la shoote !!!

Alors ?
J'sais pas… J'vois pas bien, elle arrête pas de bouger.
Mais, elle a une culotte ou pas ?

C'est marrant, ça ressemble pas à une verrue...
J'en sais rien. T'as essayé de gratter avec un truc ?
J'sais pas. Si ça se trouve c'est une verrue plantaire, mais, de la main.
C'est marrant, ça ressemble pas à une verrue...
Ben, c'est quoi, alors ?
Ça se gratte une verrue ?
Tu crois ?

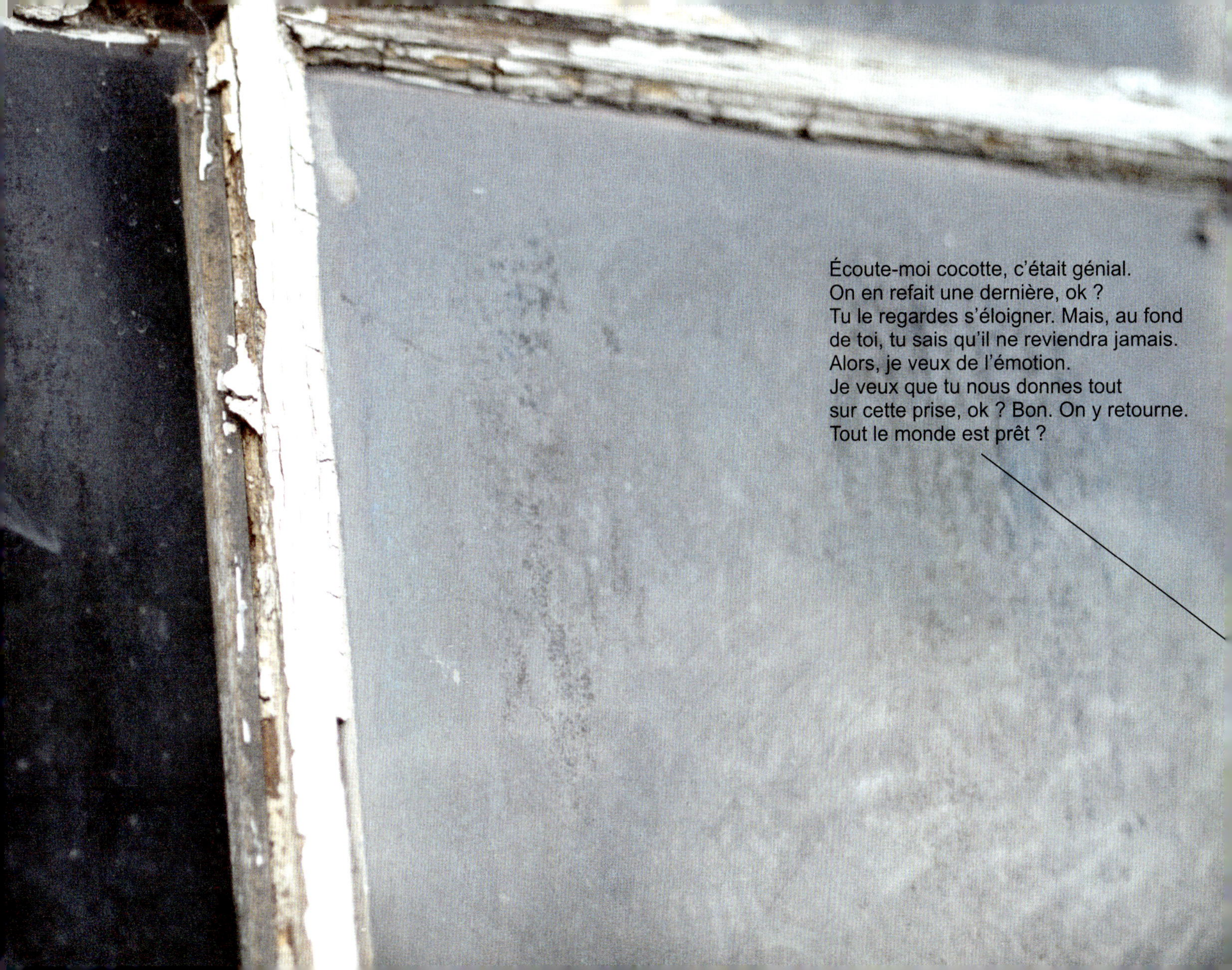

Écoute-moi cocotte, c'était génial.
On en refait une dernière, ok ?
Tu le regardes s'éloigner. Mais, au fond
de toi, tu sais qu'il ne reviendra jamais.
Alors, je veux de l'émotion.
Je veux que tu nous donnes tout
sur cette prise, ok ? Bon. On y retourne.
Tout le monde est prêt ?

J'ai les fesses toutes mouillées.

Je t'excite ?

Non, c'est l'herbe.

C'est l'herbe qui t'excite ?

Non, c'est l'herbe qui est toute mouillée.

Tu veux dire que j'excite l'herbe ?

Merde.

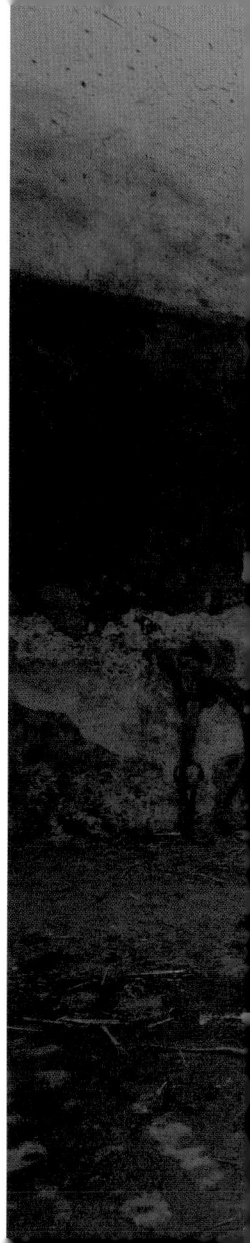

Julien !!!
Ta chambre !!!
Quoi ?
Ben, quoi,
ma chambre ?

Alors, celui-là, si je le mets là,
ça fait une double épaisseur.
Par contre, si je le mets plus haut
ça fait un creux, merde.

Alors ?
C'est bon. Il n'y a personne. Tu peux y aller.
Eh ! dès que tu es de l'autre côté, tu reviens nous ouvrir, déconne pas, hein…

Index alphabétique

NORD COMPO
multimédia

Mise en page : Nord Compo

CPi
AUBIN IMPRIMEUR

IMPRIM'VERT

PEFC
PEFC/10-31-1601

Achevé d'imprimer en septembre 2013
N° d'impression : 1307.0339
Dépôt légal, octobre 2013
Imprimé en France